13 Oct. 1884
Cambrai

Cambrai 13 Octobre 84.

99P

Ville de CAMBRAI (Nord)

COLLECTION

DE

M. GUILMAIN BRACQ

OCTOBRE 1884

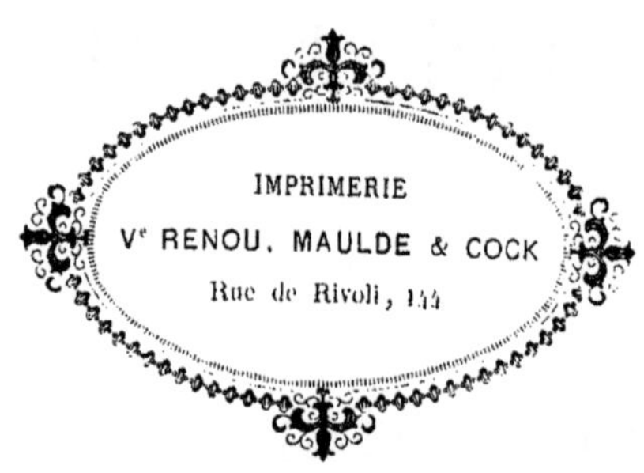
IMPRIMERIE
Ve RENOU, MAULDE & COCK
Rue de Rivoli, 144

Ville de CAMBRAI (Nord)

CATALOGUE

DE LA COLLECTION

De M. GUILMAIN BRACQ

COMPRENANT DE BEAUX

TABLEAUX ANCIENS

ET MODERNES

MEUBLES D'ART, D'AMEUBLEMENT ET GLACES

DES ÉPOQUES LOUIS XIII, LOUIS XIV, LOUIS XV ET LOUIS XVI

BRONZES D'ART

TELS QUE

Candélabres, Bras-Appliques, Statues, Pendules de diverses époques, Flambeaux Lustres, Cartels, etc., etc.

FAIENCES ANCIENNES

PORCELAINES DE LA CHINE, DU JAPON, DE SAXE

Et autres Fabriques européennes

IVOIRES ET BOIS SCULPTÉS ANCIENS

REMARQUABLE CHRIST

Avec monture en argent ciselé, aux armes du roi Stanislas Lecksinski

MINIATURES, OBJETS DE VITRINE, BIJOUX

TRÈS BEAU RETABLE DU XVe SIÈCLE

DONT LA VENTE AURA LIEU

A CAMBRAI (NORD)

RUE PORTE-ROBERT, No 12

Du Lundi 13 au Samedi 18 Octobre inclus

A UNE HEURE ET DEMIE PRÉCISE

Mes LANGLET et RONSIN	M. E. GANDOUIN
COMMISSAIRES-PRISEURS	EXPERT
à Cambrai	à Paris, rue Le Peletier, no 42 et à Cambrai, hôtel de France

CHEZ LESQUELS SE DISTRIBUE LE CATALOGUE

EXPOSITIONS PUBLIQUES

Les Vendredi 10, Samedi 11 et Dimanche 12 Octobre, de midi à cinq heures

PARIS — 1884

CONDITIONS DE LA VENTE

Elle sera faite au comptant.

Les Acquéreurs paieront DIX POUR CENT en sus des adjudications, applicables aux frais.

L'Expert, chargé de la Vente, se réserve la faculté de réunir ou diviser les lots.

Les Tares et Défauts seront annoncés à chaque mise en vente des Objets, et il ne sera admis aucune réclamation une fois l'adjudication prononcée.

En cas de contestation sur une enchère, l'Objet sera immédiatement remis en vente.

L'ordre numérique du Catalogue ne sera pas suivi à chaque Vacation.

Aucun Objet ne sera retiré avant la vente ou vendu à l'amiable.

LE CATALOGUE SE DISTRIBUE :

à **PARIS**..........	—	M. E. GANDOUIN, rue Le Peletier, 42, et au *Journal des Arts*, rue Le Peletier, 47.
à **ARRAS**.........	Chez	M. Cossiau, rue des Trois-Fauciles.
à **AMIENS**........	—	M. LEFEVRE, antiquaire.
à **BEAUVAIS**......	—	M. Maréchal.
à **DOUAI**..........	—	M. MAILLIEZ, rue de Valenciennes, 30.
à **LILLE**..........	—	M. CARLIER, rue Esquermoise, 7.
Id.	—	M. HOUREZ, rue de Roubaix, 21.
à **ROUEN**.........	—	M. LEFRANÇOIS, r. d'Amiens, 46.
à **VALENCIENNES**.	—	M. MAILLARD, rue Saint-Gery.
à **BRUXELLES**....	—	M. LAMPE, Expert des Musées royaux, rue Traversière, 82.
à **LIÈGE**..........	—	M. RENARD, rue Saint-Jacques, 1

ORDRE DES VACATIONS

Lundi 13 Octobre, à 1 heure 1/2 précise

Tableaux non catalogués et .... Nos 1 à 100

Mardi 14 Octobre

Tableaux non catalogués et .... Nos 101 à 212

Mercredi 15 Octobre

Porcelaines................................ Nos 339 à 427
Faïences .... 428 à 466

Les Tableaux qui n'auraient pu être vendus
aux Vacations précédentes.

Jeudi 16 Octobre

Bronzes d'art............................... Nos 293 à 338
Ivoires et Bois sculpté..................... 467 à 492
Objets divers.............................. 493 à 519
Et partie des Objets non décrits, après..... 520

Vendredi 17 Octobre

Les Objets divers .... Nos 520 et suiv.
Meubles d'art et autres .... 214 à 293

Samedi 18 Octobre

S'il y a lieu, les Objets non soumis aux enchères.

M. GANDOUIN, Expert, chargé de la Vente, remplira les Commissions des personnes qui ne pourraient y assister.

Il se charge de toutes expertises et rédaction de Catalogues, pour collections particulières et pour celles destinées à être vendues aux enchères, ainsi que d'estimations d'Objets d'art, pour partages de succession et autres cas.

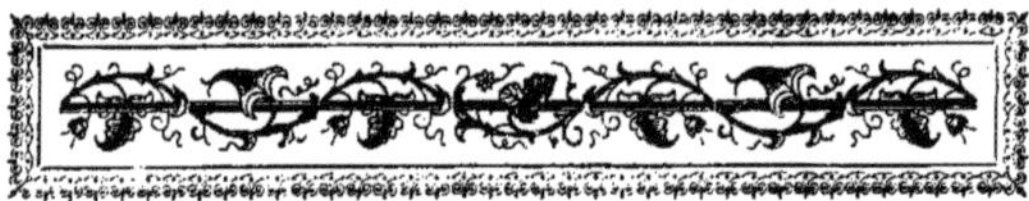

DÉSIGNATION

TABLEAUX ANCIENS
ET MODERNES

NOTA. — Quelques Tableaux seront visibles pendant la durée de l'Exposition chez M. GUILMAIN BRACQ, rue **Porte-Robert, 12,** ainsi que les Tableaux et Gravures non catalogués et divers Meubles qui sont dans la Galerie.

ALIZONE (Hippolyte)

1 — La Gorge-aux-Loups (forêt de Fontainebleau).

Signé.

Toile.

ARTOIS (Jacques d')

2 — Paysage.

Très belle qualité.

Toile

ARTOIS (Jacques d')

3 — Paysage.

Bois.

ANGÉ

4 — Marine (Tempête).

Signé.

Toile.

BALEN (Attribué à Henri Van)

5 — La Vierge, saint Joseph, Jésus et saint Jean.

Cuivre.

BAKALOWICZ

6 — Jeune Femme en costume bleu.

Signé.

Bois.

BAUDRIER (E.-M.)

7 — L'Étang de Bullande (Berri).

Signé.

Toile.

BEAUPLAN (A. de)

8 — La Plaine.

Signé.

Toile

BENARD (de Boulogne)

9 — Naufrages sur les côtes de la Manche.

Signé.

Toile

BERGHEM (Nicolas)

10 — Le Maréchal-Ferrant.

Fort joli tableau de ce maître, il est d'une couleur blonde, orné de six figures. et d'animaux.

Toile.

BAEN (Jean de)

11 — Portrait de Lady Coweley.

Signé et daté.

Très beau tableau.

Toile.

BIBIÉNA

12 — Ruines et Figures.

Cadre en bois sculpté Louis XVI.

Toile.

BINET (A.)

13 — Le Relais de Chasse.

Signé.

Toile.

BISTAGNE

14 — Vue près Venise.

Signé.

Toile.

BOUCHER (François)

15 — Le Sauveur du monde.

Toile.

BOURDON (Sébastien)

16 — La Vierge, Jésus et saint Jean.

Très beau tableau d'une exécution précieuse et très bien conservé.

Cuivre.

BOURGOGNE (Pierre)

17 — Un Envoi (Nature morte, Fruits et Fleurs).

Très beau tableau, d'une exécution mâle et d'une belle couleur.

Signé.

Toile.

BOURGUIGNON

18 — Bataille.

Toile (crevé).

BOURET (Aristide)

19 — Pêcheuse de Crevettes (Cancale).

Signé.

Toile.

BRAMER (Léonard)

20 — Le Calvaire.

Belle œuvre dans la manière de Rembrandt.

Bois.

BRANDT (Joseph)

21 — Le Pont de bois.

22 — Paysage.

Deux tableaux formant pendants.

Toile.

BREMOND (JEAN)

23 — Les Quatre Saisons.
4 panneaux décoratifs.
Toile.

BREMOND (JEAN)

24 — Paysage (Idylle).
Autre Composition plus petite.
Signés.
Toile.
Seront vendus séparément.

BREMOND (JEAN)

25 — Les Baigneuses.
Signé.
Toile.

BREMOND (JEAN)

26 — Italienne à la fontaine.
Signé.
Toile.

BREUGHEL (JEAN)

27 — Paysage (Tobie et l'Ange).
Signé 1610.
Cuivre

BRISSOT (DE VARVILLE)

28 — Moutons passant un gué.
Signé.
Bois.

BRISSOT (de Varville)

29 — Moutons au repos.

Signé.

Bois.

BRUNEL-NEUVILLE

30 — Pêches et Prunes.

Signé.

Toile.

BRUYN (Barthélemy de)

31 — Portrait d'Homme vu à mi-corps.

Ce très beau tableau est bien conservé.

Bois.

CABEL (Van der)

32 — Port Italien.

Toile.

CAILLE (Léon)

33 — Chut ! ne la réveille pas.

Très jolie scène d'intérieur (Bretagne).

Signé.

Bois.

CAILLE (Léon)

34 — Retour bredouille.

Signé.

Bois.

CAILLE (Léon)

35 — Le Déjeuner (Scène de Bretagne).

Signé.

Bois.

CAILLE (Léon)

36 — Une Cour en Bretagne.

Signé.

Bois.

CAILLE (Léon)

37 — La Sœur aînée.

Signé.

Bois.

CAILLE (Léon)

38 — La jeune Mère.

Signé.

Bois.

CAILLE (Léon)

39 — Retour de la chasse.

Signé.

Bois.

CALAME (Alexandre)

40 — Le Torrent.

Signé.

Très belle œuvre de ce maître.

Toile.

COOCK (Attribué à César de)

41 — Paysage.

Bois.

CARRACHE (Annibal)

42 — La Mise au tombeau.

Œuvre remarquable du plus beau faire de cet artiste et d'une tonalité claire.

Beau cadre en bois sculpté.

Toile.

CARRACHE (Antoine)

43 — Descente de croix.

Toile.

CARRACHE (Louis)

44 — La Flagellation.

Très remarquable tableau d'une exécution terminée.

Peint sur une pierre de touche.

CERQUOZZI

45 — Raisins et Pêches.

Toile.

CHARPENTIER (Eugène)

46 — Le bon Avocat (Souvenir rouennais).

Signé.

Toile

CHARPENTIER

47 — Le Dernier des Abencerages.
Signé.
Toile.

COIGNIET (Jules)

48 — Le Lavoir.
Signé.
Toile

CORREARD

49 — Le Lecteur.
Signé.
Bois.

COROENNE (H.)

50 — Seigneur en costume Louis XIII.
Signé.
Bois.

CRABIELS

51 — Fête aux environs d'Anvers.
Signé.
Bois.

CRANACH (Lucas Sunder, le Vieux, dit)

52 — La Vierge et l'Enfant.
Tableau d'un précieux fini.
Bois.

CREPIN

53 — Le Torrent.

Toile.

CUYLEMBOURG

54 — Diane au bain.

Fort joli tableau de ce peintre estimé.

Bois.

CUYP (Albert)

55 — Portrait d'une Hollandaise.

Bois.

DACLE (Van der)

56 — L'Heureuse Famille.

Signé.

Toile.

DANLOUX

57 — Portrait d'homme.

Forme ovale.

Bois.

DANSAERT

58 — Retour de chasse.

Signé.

Bois.

DEFAUX (Alexandre)

59 — Moutons au pâturage.
Signé.
Toile.

DEMARNE (Attribué à)

60 — Le Pâturage.
Bois.

DEPRATÈRE (Henri)

61 — La Contestation au jeu de disque.
Signé.
Toile.

DEPRATÈRE (Édouard)

62 — Intérieur de forêt.
Signé.
Toile.

DESTREZ
(Professeur à Valenciennes).

63 — Sainte Hélène cherchant la vraie croix.
Signé.
Toile.

DESTREZ

64 — Paysage.
Toile.

DESTREZ

65 — La Toilette de la Du Barry.
Signé.
Toile.

DESTREZ

66 — Lise, vous ne filez pas.
Signé.
Toile.

DESTREZ

67 — Carrière à Wazèmes.
Signé.
Toile.

DESTREZ

68 — Tête de femme.
69 — Le Mage africain.
Deux études.
Toile.

DEVEDEUX

70 — La Sultane.
Signé.
Toile.

DIETRICH

71 — Le Concert de Pierrot.
Composition dans le goût de Watteau.
Toile.

DIETRICH

72 — Suzanne et les Vieillards.

Bois.

DOIX

73 — Le Tir à l'arc (Paysage).

Signé.

Toile.

DUNEUX

74 — Vue de Rouen.

Signé.

Toile.

DUTILLEUX

75 — Intérieur d'écurie.

Signé de la croix.

Bois.

DUTILLOY

76 — Conversation galante.

Composition dans le goût de Watteau.

Toile.

DYCK (Attribué à Ant. Van)

77 — Portrait d'homme (présumé le comte d'Arundel).

Toile.

ÉCOLE FLAMANDE

78 — Paysages.

Deux pendants.

ÉCOLE GOTHIQUE

79 — Notre-Dame de Cambrai.

Cadre en bois sculpté.

ÉCOLE GOTHIQUE

80 — Notre-Dame de Cambrai.

Peinture sur fond or.

Bois.

ÉCOLE ITALIENNE

81 — La Vierge et l'Enfant.

Cuivre.

ÉCOLE FRANÇAISE

82 — Jeune Berger.

83 — Jeune Bergère.

Deux pendants.

ÉCOLE FRANÇAISE

84 — Portrait de femme.

Toile.

ÉCOLE FRANÇAISE

85 — Un Cardinal.

Toile.

EVERSEN (A.)

86 — Une rue à Anvers.

Signé.

Toile.

FERG (Paul)

87 — Kermesse villageoise.

Très beau tableau d'une composition ravissante, orné de nombreuses figures, d'une exécution et d'un groupement des plus spirituels.

Signé.

Cuivre.

FIANSEN

88 — Joueurs de cartes dans une étable.

Signé.

Bois.

FONTANA

89 — Intérieur de chapelle.

Signé

Bois.

FORT (Théodore)

90 — Chasses.

Deux pendants.

Signé.

Toile.

FRANCK (École de)

91 — La Résurrection.

Cuivre.

GADDI (Agnollo)

92 — L'Adoration des Anges

Très curieux et remarquable tableau de ce maître rare.

Bois.

GELISSEN

93 — Paysage.

Signé.

Bois

GENTILESCHI (Arthémise)

94 — Esculape.

Toile.

GÉRARD (Mlle Marguerite)

95 — La Bonne Nouvelle.

Cette gracieuse composition a été reproduite par la gravure.

Signé.

Toile.

GIOTTO (École de)

96 — Saint Bernard et sainte Ursule.

Bois.

GIRAUD

97 — Vue des Côtes de Bretagne (Étude).

Signé.

Bois

GOLTZIUS (Henri)

98 — Allégorie sur la Fragilité humaine.

Très belle grisaille.

Bois.

GOUPIL (Jules)

99 — Jeune Fille.

Très belle œuvre de cet artiste regretté.

Signé.

Toile.

GOYEN (Jean Van)

100 — Le Pont.

Signé.

Bois forme ronde.

GRAILLY (D'après Ruysdael)

101 — Le Moulin.

Toile.

GRAILLY

102 — Paysage

Toile.

HAGEMANN

103 — Intérieur de forêt (Relais de chasse).
Signé.
Toile.

HALS (Dirck)

104 — Portrait d'homme (1656).
Très beau tableau.
Collection Malfait.
Toile.

HEEM (Corneille de)

105 — Raisins, Pêches posés sur une table de pierre.
Bel état de conservation.
Signé.

HEEMSKERKE (Jean)

106 — Les Chanteurs.
Bois.

HÉREAU (Jules)

107 — Le Crépuscule.
Signé.
Toile.

HÉREAU (Jules)

108 — Bœufs à l'abreuvoir.
Signé.
Toile.

HERTZOGG

109 — Ane à l'écurie.

Signé. Toile.

HUCHTENBURG

110 — Un Bivouac.

Signé du monogramme. Toile.

HUYSMANS (de Malines)

111 — Paysage.

Très beau tableau. Toile.

HUYSUM (Jan Van)

112 — Bouquet de fleurs.

113 — Pendant du précédent.

Deux remarquables aquarelles sur vélin.

HUYSUM (Van)

114 — Paysage montueux.

Collection Meffre.

HYDEN

115 — Animaux au pâturage.

Signé. Bois.

JACOMIN

116 — Le Gentilhomme et le Singe.

Signé.

Bois.

JACOMIN

117 — Le Duo.

Signé.

Bois.

JORDAENS (Attribué à Jacob)

118 — L'Ivresse de Silène.

Toile.

JORDAENS (Jacob)

119 — Le Joueur de flûte.

Belle œuvre d'une très belle qualité.

Toile.

KESSEL (Jean Van)

ET

BREUGHEL DE VELOURS

120 — Les Animaux sortant de l'Arche.

Très bel état de conservation et tableau d'une exécution des plus précieuses.

Cadre en bois sculpté.

Signé

Cuivre.

KESSEL (Jean Van)

ET

BREUGHEL DE VELOURS

121 — Le Paradis terrestre.

Pendant du précédent.

Signé.

Cuivre.

LA FOSSE (Charles de)

122 — Mariage mystique de sainte Catherine.

Toile.

LAJOUE (Attribué à)

123 — Fête dans un parc.

Très joli tableau orné de nombreuses figures dans le goût de Watteau.

Toile.

LANTARA

124 — Paysage.

Toile.

LEBEL (d'Amiens)

125 — Intérieur de la cathédrale d'Amiens.

Signé.

Toile.

LECLERC (dit des Gobelins)

126 — Les Oies du père Philippe.

Bois

LECŒUR

127 — La Dame des belles cousines et Jehan de Saintré.

Signé.

Toile.

LEFORTIER

128 — Ruisseaux sous bois.

Salon de Lille, 1883.

Signé.

Toile.

LEMOINE (J.-B.)

129 — Mercure et Vénus.

Panneau décoratif.

Toile.

LÉNAR

130 — Chasseur à cheval.

Signé.

Bois.

LOO (César Van)

131 — Paysage (Effet de neige).

Signé.

Toile.

LÉONARD

132 — Rencontre de deux pensionnats.

Signé.

Toile

LÉONARD

133 — Désespoir d'amour.

Œuvre capitale de cet artiste et dans laquelle sont représentées diverses notabilités de la ville de Valenciennes, notamment le célèbre sculpteur Carpeaux.

Signé.

Toile.

LEPRINCE (Léopold)

134 — L'Écluse.

Signé.

Toile.

LINGELBACH (Jean Van)

135 — Le Retour du port.

Bois.

LUCATELLI

136 — Ruines d'Italie.

Toile.

LUNA (Charles de)

137 — Chasseur à cheval.

Signé.

Toile.

MABUSE (Jean Gossaert, dit)

138 — La Vierge tenant l'Enfant.

Très curieux tableau. La Vierge est représentée dans un intérieur orné de meubles de la Renaissance ; par une porte ouverte, l'on voit saint Joseph sous le manteau d'une cheminée.

Très bel état de conservation.

Bois.

MARIESCHI (Carlo)

139 — Le Pont du Rialto (Venise).

140 — Canal Pio-Nuovo (Venise).

Deux pendants.

Toile.

MARTIN (Eugène)

141 — Le Nouveau-Né.

Scène bretonne.

Signé.

Toile.

MARTIN (Eugène)

142 — Le Père de famille au cabaret.

Scène bretonne.

Signé.

MARTIN (l'aîné)

143 — Bataille (Choc de cavalerie).

Collection de M. Bonnel.

Toile.

MANDER (Carl Van)

144 — Tête de Vieille.

Bois.

MAZEROLLES (Jules)

145 — Esquisse de plafond.

Signé.

Toile.

MIEREVELDT (École de)

146 — Portrait de femme.

Bois.

MOMAL (de Valenciennes)

147 — Tête de Vierge.

Toile.

MOMAL (de Valenciennes)

148 — Paysan allant aux champs.

Dessin rehaussé.

MOMERS (Henri)

149 — Pâturage.

Toile.

MORONI

150 — Portrait de Calvin.

Cadre en bois sculpté.

Bois.

MOZIN (C.)

151 — Plage normande.

Signé.

Toile.

MUSSCHER (MICHEL VAN)

152 — Portrait d'homme.

Bois.

NATTIER (Attribué à J. MARC)

153 — Portrait présumé de Mademoiselle Victoire (de France).

Toile.

NATTIER (École de)

154 — Portrait de femme.

Toile.

NOEL (JULES)

155 — Les Bouleaux.

Salon de 1850.

Signé.

Toile.

NOEL (JULES)

156 — Deux Albums contenant cent Croquis terminés : Vues des côtes de Bretagne et de Normandie (1859 et 1860).

Réunion très intéressante en raison des changements survenus sur toutes les plages balnéaires.

NOTER (DAVID DE)

157 — Nature morte.

Signé.

Bois.

NOTERMANN (ZACHARIE)

158 — Le Singe cornemuseux

Signé.

Bois.

NOTERMANN (ZACHARIE)

159 — La Fleur des champs.

Signé.

Bois.

PATEL (le père)

160 — Paysage et Ruines.

Toile.

POZIER (JACINTHE)

161 — Cour de ferme.

Etude.

Signe

Toile.

PEETERS (BONAVENTURE)

162 — Le Coup de vent.

Superbe marine. Œuvre capitale du maître.

Collection Bonnel.

Bois.

PECRUS

163 — Jeune Femme se parant.

Signé.

Bois.

PECRUS

164 — La Recherche du Destin

Signé.

Bois.

PECRUS

165 — Joueur de mandoline.

Signé.

Bois.

PECRUS

166 — Jeune Femme tenant une corbeille de fleurs.

Signé.

Bois.

PINGRET (E.)

167 — Italiens.

Deux pendants.

Signés.

Toile.

POEL (Egbert Van der)

168 — Incendie d'un village.

169 — Pendant du précédent.

Toile.

POELEMBURG (d'après Corneille)

170 — Baigneuses.

Bois.

POITEVIN

171 — Plage à marée basse

Signé.

Bois.

POINTELIN (Auguste)

172 — Lever de soleil.

Signé du monogrammé.

Toile.

POINTELIN (Auguste)

173 — Soleil couchant.

Signé du monogramme.

Toile.

POTIER (de Valenciennes)

174 — Tête de vieillard.

Etude.

Toile

PRATÈRE (E. de)

175 — Troupeau fuyant l'orage.

Signé.

Toile.

ROBBE

176 — Chèvres et Moutons.

Signé.

Toile.

ROBBE

177 — Bouc et Moutons.

Signé.

Toile.

ROBBE

178 — La Laitière (Pâturage).

Signé.

Toile.

ROBBE (Louis)

179 — Bouquet dans un verre.

Signé.

Bois.

ROBBE

180 — Vaches à l'abreuvoir.

Signé.

Toile.

ROBBE

181 — Béliers, Chèvres et Moutons.

Signé.

Toile.

ROBBE

182 — Moutons au pâturage.

Signé.

Bois.

ROBBE

183 — Troupeau au pâturage

Signé.

Bois.

ROBBE

184 — Le Retour du marché.

Signé.

Toile.

RENOUARD (E.)

185 — Bretons endormis sous bois.

Signé.

Toile.

RUBENS (École de)

186 — La Nativité.

Bois.

RYCKAERT (David)

187 — Tentation de saint Antoine.

Œuvre remarquable de cet artiste et de sa plus belle manière.

Toile.

SAINT-AUBERT Ier

188 — Portrait de femme.

Cadre en bois sculpté Louis XVI.

SAINT-AUBERT Ier

189 — Deux Tableaux (Trompe-l'œil).
Toile.

STORELLI

190 — Le Pont de Saint-Cloud.
Ex-Collection du roi Louis-Philippe.
Signé.
Toile.

SWAGERS

191 — Barques sur l'Escaut.
Signé.
Bois.

SWEBACH

192 — Le Rendez-vous de chasse.
Signé 1821.
Toile.

TASSI

193 — La Fuite en Égypte.
Toile.

TÉNIERS (David)

194 — Saint François à genoux.
Cuivre.

TÉNIERS (David), le père

195 — Tête de paysan.
Bois.

TÉNIERS (École de)

196 — Les Fumeurs.

Bois.

UDEN (Lucas Van)

197 — Paysage (Mort de Thisbé).
198 — Paysage (Mort de Pyrame).
Deux pendants.

Cuivre.

VALENTIN

199 — Les Joueurs de trictrac.

Toile.

VALLIN

200 — Buste de jeune Femme.

Toile.

VALLIN (Attribué à)

201 — Baigneuses.

Toile.

VALLÉE (Eugène)

202 — Bords de l'Oise.
Etude.

Toile.

VASSELIN

203 — Pêcheurs des côtes de Normandie.

Signé.

Toile.

VELDE (Wilhem Van de)

204 — Vaisseaux de haut bord.

Très belle œuvre.

Collection Meffre.

Signé du monogramme.

Toile.

VENEMANN (Charles)

205 — Intérieur de tabagie.

Tableau d'uue exécution précieuse.

Signé.

Bois.

VERNET (Joseph)

206 — Le Naufrage

Composition gravee par Balechow.

Toile.

VERNET (Horace)

207 — Paysage en Écosse.

Signé et daté.

Ce tableau a été exécuté à la suite du voyage du duc de Bordeaux, dans l'Écosse, en 1824.

Toile.

VERENBERG

208 — Barques de pêche.

Signé.

Toile.

VISCONTI

209 — Sous-Bois.

Signé.

Bois.

VISCONTI

210 — Mare dans la forêt de Fontainebleau.

Signé.

Bois.

WASHINGTON (Georges)

211 — Tribu kabyle quittant les hauts plateaux.

Signé.

Toile.

WAUTERS (Constant)

212 — L'Alchimiste.

Signé.

Bois.

WENIX (Jean-Baptiste)

13 — Gibier mort et Oiseaux.

Très remarquable tableau, œuvre importante, d'un très bel état de conservation.

Toile.

WOUTERMARTENS

214 — Troupeau par un temps de pluie.

Signé.

Toile.

WOUTERMARTENS

215 — Le Retour du troupeau.

Signé.

Toile.

WOUTERMARTENS

216 — Le Retour du troupeau.

Signé.

Toile.

WINCKENBOOMS

217 — Paysage.

Très beau tableau de ce maître.

Bois.

ZORG (Henri Rokes, dit)

218 — Intérieur d'un cellier.

Très beau tableau de ce peintre où il s'est plu à réunir tous les accessoires d'une cuisine. Très belle qualité.

Signé.

Bois.

ZO (Achille)

219 — Mort d'Édouard II d'Angleterre.

Signé — Toile.

220 — Sous ce numéro, environ 40 Tableaux et Gravures de diverses Écoles, encadrés et sans cadres. — Divers Cadres sculptés. — Divers Cadres dorés.

MEUBLES D'ART ET D'AMEUBLEMENT PENDULES, GLACES, ETC.

DES ÉPOQUES LOUIS XIII A LOUIS XVI ET EMPIRE

NOTA. — MM. les Acquéreurs sont prévenus qu'une partie des Meubles sont exposés dans la maison de M. Guilmain Bracq, **rue Porte-Robert, 12**; ils seront visibles les jours d'Exposition et jusqu'au *Vendredi 10 Octobre*, moment de leur mise en vente.

221 — Secrétaire de l'époque Louis XVI, marqueterie de bois rose et bois de couleur, représentant des Trophées d'instruments de musique et des Vases Brûle-Parfums.

222 — Table de l'époque Louis XVI en bois sculpté et doré, la ceinture ornée de guirlandes de lauriers retombant, et les pieds retenus par un X surmonté d'un beau Vase.

223 — Grande Armoire à portes pleines, en marqueterie de bois de couleur, à filets, et trois colonnes

plates à chapiteaux sculptés. Travail de l'époque Louis XIV.

224 — Autre Armoire, plus petite que la précédente, à portes pleines, et magnifique marqueterie de bois, Vases, Fleurs, Rinceaux et Oiseaux, époque Louis XIV. Magnifique conservation.

225 — Beau et grand Meuble en noyer sculpté. Travail remarquable de la fin du XVIe siècle.

226 — Grand Bureau à cylindre, bois de rose, époque Louis XVI.

227 — Toilette de l'époque Louis XVI, forme dite Marie-Antoinette, bois rose.

228 — Beau Bureau de l'époque Louis XIV, forme dite à dos d'âne. Ce joli meuble est marqueté à l'intérieur et à l'extérieur.

229 — Rouet de l'époque Louis XIV en bois tourné; la tablette est ornée d'un cuir au petit fer.

230 — Table à jeu carrée, époque Louis XVI. Marqueterie de bois rose.

231 — Grande et belle Armoire de l'époque Louis XVI, travail normand, chêne sculpté ; richement ornée.

232 — Joli Meuble-Crédence en chêne sculpté, travail flamand, style Renaissance.

233 — Très beau Meuble-Bahut de l'époque Louis XIII en chêne sculpté, à mascarons têtes de lions, etc., etc.

234 — Lit de Repos de l'époque Louis XV, bois sculpté, doré, garni de satin bleu.

235 — Grand et beau Lit, à colonnes et baldaquins, tout en chêne sculpté, style Louis XIII. Très belle ornementation.

236 — Coffret en bois marqueté, époque Louis XIV.

237 — Bois de Canapé et deux Fauteuils non garnis, dossiers carrés et perlés, époque Louis XVI.

238 — Grand Canapé, époque Louis XIV, à oreillons, bois sculpté et velours d'Utrecht.

239 — Six Chaises, époque Louis XVI, à médaillons.

240 — Six Chaises, époque Louis XVI, à médaillons cannelés.

241 — Deux Fauteuils, époque Louis XVI, à médaillons cannelés.

242 — Console de l'époque Louis XV.

243 — Écran, époque Louis XV, bois sculpté; tapisserie au point.

244 — Divers Fauteuils et Chaises, des époques Louis XIV, Louis XV, Louis XVI, dont partie cannés.

245 — Bureau, époque Louis XVI, acajou garni de cuivre; modèle dit Tronchin.

246 — Table-Console, bois sculpté, époque Louis XV.

247 — Pupitre à écrire debout, chêne sculpté, style Louis XIII.

248 — Commode acajou, époque Louis XVI.

249 — Deux Fauteuils-Bergère, époque Louis XV.

250 — Fauteuil époque Louis XIV, bois sculpté, garni de velours rayé.

251 — Rouet, époque Louis XIV, bois tourné.

252 — Quatre Chaises Louis XIV, bois tourné, à grand dossier.

253 — Très joli petit Secrétaire de l'époque Louis XVI, bois rose et marqueterie de bois, avec trophée de musique et instruments.

254 — Belle Commode de même époque, à deux tiroirs et à cadre de marqueterie semé de fleurettes, bois rose et de couleurs.

255 — Bureau plat, bois noir, garni de bronze, époque Louis XIV.

256 — Cabinet à six tiroirs et Portique orné d'un bas-relief en bronze, représentant Hercule terrassant Antée, marqueterie en écaille, cuivre, et appliques de bronze.

257 — Deux Chaises, époque Louis XV, bois sculpté et laque.

258 — Ecran de même travail et époque.

259 — Un Fauteuil époque Louis XV.

260 — Cabinet (scribane) en écaille et bois de noyer, supporté par un pied à colonnes torses. Ouvert, ce Cabinet laisse voir des tiroirs et un portique au centre duquel est un bas-relief en cuivre doré représentant l'Assomption de la Vierge. A l'intérieur, un portique orné de glaces, époque Louis XIV. Collection Van der Helle.

261 — Petit Cabinet avec son piètement, écaille et filets d'ivoire, époque Louis XIV.

262 — Table à pieds reliés par un X, marqueterie de bois des îles, époque Louis XIV.

263 — Glace de l'époque Louis XIV, modèle dit de Berain, cadre en bois sculpté et doré.

264 — Meuble-Cabinet, à tiroirs et porte centrale ornés de bas-reliefs, cuivre repoussé. Travail anversois du XIXe siècle.

265 — Paire de très belles Gaînes, style Louis XIV, en bois noir, ornées de bronzes ciselés et dorés.

266 — Pendule du temps de Louis XVIII, cage en bois marqueté.

267 — Coffret de toilette, Nécessaire de voyage, garniture en argent.

268 — Glace de l'époque Louis XVI, avec cadre en bois sculpté et doré.

269 — Table à jeu, marqueterie de bois, damier bois rose, époque Louis XVI.

270 — Grand Meuble de l'époque Louis XIV, chêne sculpté. La partie supérieure a trois portes, l'inférieure deux tiroirs et deux portes.

271 — Baromètre de l'époque Louis XVI, avec cadre en bois sculpté et doré.

272 — Petite Pendule à accrocher, avec son socle forme lyre, époque Louis XIV, ébène, filets de cuivre et bronzes. Très joli modèle signé : La Douceur, faubourg Saint-Antoine, Paris.

273 — Glace de l'époque Louis XIII, cadre écaille et bois guilloché.

274 — Six Chaises cannées de l'époque Louis XVI sculptées; traces de dorure.

275 — Console carrée, époque Louis XVI, acajou, à pieds cannelés.

276 — Commode de l'époque Louis XIV, ornée de ses bronzes.

277 — Cabinet (scribane) en bois de racine ; très beau meuble de l'époque Louis XIV, sur son pied, à colonnes torses.

278 — Table ovale en marqueterie de bois de couleur. Travail hollandais du XVIIIe siècle.

279 — Six Chaises de même travail et époque.

280 — Pendule en corne verte avec ses bronzes. Travail de l'époque Louis XV. Mouvement de Dutertre, à Paris.

281 — Console à accrocher, bois sculpté, doré et peint en vert. Travail de l'époque Louis XV.

282 — Grande Glace ovale de l'époque Louis XIV, cadre en bois sculpté, surmonté d'un fronton à jour.

283 — Commode de l'époque Louis XV, marqueterie de bois rose et bois de violette, ornée de bronzes.

284 — Petit Chiffonnier, six tiroirs, époque Louis XVI.

285 — Deux Encoignures, époque Louis XVI, marqueterie de bois de couleur.

286 — Table de l'époque Louis XIV, bois de noyer tourné.

287 — Très grande Glace de l'époque Louis XV, cadre en bois sculpté et doré.

288 — Pendule de l'époque Louis XIV, marqueterie de Boule, ornée de bronzes.

289 — Socle de Pendule, de même époque.

290 — Grand et très beau Meuble de salle à manger, en chêne sculpté, exécuté par Fontaine, pour l'Exposition universelle de 1855.

291 — Deux Consoles, époque Empire, acajou et figures en bois sculpté doré.

292 — Paire de Girandoles à cristaux, monture bronze doré, époque Louis XIV.

293 — Bureau en bois de rose, style Louis XV, orné de bronzes ciselés et dorés et de plaques en porcelaine pâte tendre, décor de fleurs.

294 — Glace de style Louis XIII, avec appliques en cuivre repoussé.

295 — Pendule de même style, corne rouge, imitant l'écaille et garnie de cuivre repoussé.

296 — Console Louis XV en bois sculpté et doré, marbre griotte.

297 — Fauteuil en bois sculpté et doré. Travail de l'époque Louis-Philippe.

298 — Fauteuil de l'époque Louis XIV, garni de velours rouge.

299 — Petite et fort jolie Glace ovale de l'époque Louis XIV, avec cadre en bois sculpté et laqué.

300 — Fauteuil Louis XIV, couvert en tapisserie.

OBJETS DIVERS

301 — Crucifix.

Ce superbe Christ en ivoire sculpté est une œuvre remarquable du XVIIIe siècle.

Il est monté sur une croix en argent dont le pied, richement ciselé, est orné des armes de

STANISLAS LECZINSKI
Roi de Pologne
Mort à Nancy

Il a été ciselé par Ruffo, célèbre orfèvre qui l'a exécuté pour ce roi (1746).

302 — Pagode portative avec divinité sculptée. Travail chinois, laqué et doré.

303 — Autre Pagode, de même époque et travail.

304 — Autre Pagode, de même époque et travail, très petite.

305 — Presse-Papiers en marbre, avec cinq mosaïques représentant des vue de Rome.

306 — Christ au tombeau. Bas-relief en terre cuite. École du XVIIIe siècle. Cadre en bois sculpté.

307 — **Lescrauwart.** L'Automne et le Printemps. Statuettes en terre cuite.

308 — **Du même.** La France protégeant les Arts, le Commerce et l'Industrie.

Très beau groupe sur un socle orné de fruits et de feuilles d'achantes. Œuvre très remarquable.

309 — **Lescrauwart.** Deux figures allégoriques. Statuettes; une tête fracturée.

310 — Samovart en cuivre, époque Empire.

311 — **Puget** (Attribué à). Louis XIV. Bas-relief en marbre; profil.

312 — **École française du XVIIIe siècle.** Deux petits bas-reliefs. Têtes de femme (marbre).

313 — Coffret oblong. Marqueterie ancienne de Perse.

314 — Robe soie blanche brochée, époque Louis XVI, garnie de dentelles de Valenciennes.

315 — Épées et Sabres, quatre pièces diverses époques.

316 — **Étain ancien.** Belle Aiguière et son plateau avec inscription datée de 1735.

317 — **Verrerie de Bohême.** Trois grands verres gravés, époque Louis XIV, seront vendus séparément.

318 — Éventail Louis XVI, avec feuille sur vélin; sujet champêtre.

319 — **Verroterie antique.** Huit flacons pomiformes, piriformes à irisations nacrées.

320 — **Verrerie ancienne de Venise.**
Deux Candélabres.
Un Lustre.
Fleurs de couleur.

321 — **Delaville de Lens, 1804.**
Bacchus.
Ariane.
Deux Statuettes en terre cuite.
Œuvres très remarquables.

322 — **Carrier-Belleuse.**
Le Printemps.
L'Été.
Deux bustes terre cuite.
Œuvres d'une grande distinction et élégance.

323 — **Buis.** Deux Flambeaux sculptés par Bagard, de Nancy.

324 — Deux Flacons à odeurs, avec garniture en or.

325 — Paire de Vases émail cloisonné du Japon.

326 — **Buis.** Paire de Flambeaux sculptés par Bagard, de Nancy.

327 — Six Éventails de l'époque Louis XVI à images populaires, montures en bois et ivoire.

BRONZES D'ART ET D'AMEUBLEMENT
CUIVRES DE DIVERSES ÉPOQUES

328 — Pendule de l'époque Louis XVI en marbre blanc et bronze doré. Les figures représentent l'Amitié couronnant l'Amour.
Très belle conservation.

329 — Pendule de l'époque Louis XVI, forme dite portique, en marbre et bronze doré. Signée Lecœur aîné, à Paris.

330 — Paire de Candélabres à trois lumières, style Louis XVI, bronze doré et ciselé.

331 — Paire de Candélabres à huit lumières, bronze doré, style Louis XIV.

332 — Pendule de l'époque Louis XVI en marbre blanc et noir, avec bronzes dorés et ciselés, attributs militaires et statuette du dieu Mars.

333 — Paire de Chenets de l'époque Louis XVI. à galerie surmontée d'un vase avec flamme et guirlande de feuilles de lauriers, bronze ciselé et doré.

334 — Paire d'Appliques à trois lumières, époque Louis XVI, modèle au brûle-parfums, bronze ciselé et doré.

335 — Autre paire d'Appliques de même époque à deux lumières, modèle à gaîne, surmontées d'un vase à draperie, bronze ciselé et doré.

336 — Paire d'Appliques. Reproduction de celles du n° 334.

337 — Paire d'Appliques de l'époque Louis XVI, à deux lumières, modèle à vase et tête de bouc, bronze doré.

338 — Paire de Chenets style Louis XIV, bronze ciselé et doré, avec figure de Neptune et Amphitrite.

339 — Paire de Girandoles en cuivre, style Louis XIV avec cristaux.

340 — Petite Pendule en marbre et bronze doré, époque Louis XVI.

341 — Paire d'Appliques époque Louis XVI, bronze ciselé et doré.

342 — Paire de grands candélabres à douze lumières, bronze ciselé et doré. Travail de l'époque Louis-Philippe.

343 — Paire de Candélabres de même époque, à cinq lumières, en bronze doré.

344 — Paire de Candélabres à trois lumières, époque Empire, en bronze vert et en bronze doré.

345 — Vasque jardinière, bronze du Japon, patine jaune, à ceintures ornées de reliefs.

346 — Paire de Vases en bronze du Japon, oiseaux et plantes en relief.

347 — David et les Anges.
Bas-relief en cuivre repoussé du XVIIe siècle.

348 — Plateau rond orné d'inscriptions gravées. Travail turc (Cuivre).

349 — Paire d'Appliques à trois lumières, bronze ciselé et doré. Modèle au brûle-parfums, style Louis XVI.

350 — Quatre Bas-Reliefs en cuivre repoussé, sujets mythologiques. Travail moderne.

351 — Pendule en bronze doré, époque Louis XVI. Sujet : La Fidélité et la Vigilance.

352 — Pendule forme Lyre, marqueterie de Boulle, d'écaille, cuivre et étain, ornée de bronze doré. Très beau modèle.

353 — Pendule en marbre et bronze doré. L'Astronomie, modèle de Elschoet.

354 — Fontaine en cuivre rouge repoussé. Travail flamand, époque Louis XV.

355 — Vasque jardinière en cuivre rouge repoussé. Travail de style Louis XIV.

356 — Paire d'Appliques de l'époque Louis XV, en bronze ciselé et doré.

357 — Cartel en bronze ciselé et doré, style Louis XVI.

358 — Paire de Flambeaux en bronze, style Louis XIV.

359 — Paire de Candélabres à quatre lumières, en bronze ciselé et doré, modèle aux Sphinx, de style Louis XIV.

360 — Paire de Girandoles, époque Louis XV, en bronze argenté.

361 — Paire de Flambeaux en bronze doré. Porcelaine de Saxe avec fleurettes, époque Louis XV.

362 — Paire d'Appliques à trois lumières, en bronze poli, style Louis XVI.

363 — Diverses paires de Flambeaux, époques Louis XV et Louis XVI.

364 — Cage hollandaise, de l'époque Louis XVI, en cuivre jaune repoussé.

365 — Bassinoire en cuivre jaune repoussé, même époque.

366 — Pendule de l'époque Louis XV en bronze, ornements rocaille, surmontée d'un Chinois assis, avec mouvement à quantièmes et cadran en argent.

367 — **Girardon** (D'après). Louis XIV.
Statuette équestre, socle en marbre vert antique.

368 — Cartel de l'époque Louis XV en bronze ciselé, mouvement de Chevrau, à Paris.

369 — Christ en bronze, époque Louis XIII, monté sur une croix à piédouche en écailles rouges et baguettes noires guillochées. Travail du temps.

370 — Grand Cartel en bronze ciselé et doré, modèle à la draperie. Travail de l'époque Louis XVI, mouvement de Lepaute, à Paris.

371 — Très grande Pendule en marbre blanc et bronze représentant un cippe orné, sur sa base, d'un bas-relief en bronze doré représentant les Arts, surmonté de deux figures en bronze doré à demi-couchées représentant l'Histoire et la Vérité; entre elles un fût de marbre supporte le mouvement qui est surmonté du buste de Marie-Antoinette en bronze doré. Mouvement signé Jules Martinot, Paris.
Cette pendule ancienne a été dans quelques parties réparée.

PORCELAINES

372 — **Chine**. Potiche bleue, décor or, monture en bronze doré, style Louis XV.

373 — **Chine**. Jardinière en émail cloisonné de la Chine, monture en bronze.

374 — **Chine**. Bol, monture en bronze.

375 — **Japon**. Vase jardinière, monture en bronze, décor polychrome sur fond noir.

376 — **Japon**. Grosse Potiche ventrue, décor de pagodes et de réserves verticales polychromes.

377 — **Japon**. Deux Cornets, même décor.

378 — **Japon**. Deux Potiches à double parois, dont une réticulée en partie, décor polychrome et doré.

379 — **Japon**. Deux grands Plats, décor polychrome, monture en bronze doré.

380 — **Sèvres imitation**. Coupe pâte tendre, décor d'oiseaux et paysages en réserves, mi-fond bleu, monture en bronze doré.

381 — **Japon ancien**. Plat, décor polychrome doré.

382 — **Japon ancien**. Quatre Tasses à chocolat, décor polychrome doré.

383 — **Chine**. Deux Sucriers, décor polychrome.

384 — **Chine**. Deux Magots debout.

385 — **Saxe Marcolini**. Vase, décor de fleurs en bistre et or.

386 — **Saxe moderne**. Grande et magnifique Pendule, style rocaille, avec guirlandes de fleurs, figures d'Amours et groupe représentant Neptune.

387 — **Saxe moderne**. Deux Vases forme ovoïde, avec guirlandes de fleurs en relief.

388 — **Chine ancien**. Potiche à décor bleu.

389 — **Japon ancien**. Neuf Tasses chocolatières et Soucoupes, décor polychrome et doré.

90 — **Amstel ancien**. Service décoré en camaïeu bistre d'oiseaux de basse-cour.

Pot à lait, Bol.
Sucrier.
Cinq Tasses, huit Soucoupes.
Un Bol et trois Tasses fêlés.

391 — **Tournai ancien.** Quatre-vingt-seize Pièces : Assiettes et autres, décor bleu, différentes formes (Sera divisé).

392 — **Saxe moderne.** Les Jardiniers.
Groupe de six figures.

393 — **Custine.** Soupière et son Plateau, décor de fleurs.

394 — **Vienne ancien.** Onze Soucoupes, douze Tasses.

395 — **Saxe moderne.** Deux Statuettes : Jardinier et Jardinière.

396 — **Saint-Amand.** Deux Vases forme Louis XVI, décor de paysages en camaïeu rose et ornements en relief rehaussés d'or.

397 — **Japon.** Paire de Potiches, décor bleu au grand feu.

398 — **Chine.** Paire de grands Vases, fabriques de Canton, montés en bronze doré et à grands bouquets de lys formant candélabres.

399 — **Japon.** Paire de Potiches, décor bleu, dit chrysanthémo paeonnien.

400 — **Chine.** Paire de Potiches, décor polychrome de chrysanthèmes.

401 — **Japon ancien.** Trois Plats, décor polychrome et doré (Seront vendus séparément).

402 — **Japon ancien.** Deux autres Plats, décor polychrome à caissons alternés bleus et blancs.

403 — **Chine ancien.** Petit Plateau à caissons alternés bleu fouetté et blanc.

404 — **Chine ancien.** Deux Bols, décor de personnages.

405 — **Saxe moderne.** Soupière, décor de fleurs.

406 — **Tournai.** Service : Cent quarante-quatre Assiettes.
Soupières
Ecuelles.
Plats.

407 — **Japon.** Grande Potiche, décor polychrome chrysanthèmo paeonnien.

408 — **Saxe moderne.** Trois Tasses et Soucoupes, décor de fleurs.

409 — **Japon.** Bol, décor polychrome, monture en bronze ciselé.

410 — **Japon.** Bol à surface côtelée, monture en bronze ciselé.

411 — **Sèvres imitation.** Quatre Plateaux, décor de fleurs et Amours avec fond bleu, monture en bronze doré.

412 — **Berlin ancien.** Paire de Vases à guirlandes et têtes de béliers, décor polychrome et doré.
Réparés.

413 — **Chine ancien.** Sucrier, décor polychrome (fêlure au couvercle).

414 — **Venise ancien.** Plateau et sa Cloche, décor polychrome et doré.

415 — **Japon ancien.** Bouteille carrée à thé.

416 — **Meissen moderne.** Statuette de femme et homme, goût de Watteau.

417 — **Meissen moderne.** La Terre, figure allégorique équestre.

418 — **Japon moderne.** Deux Cache-Pots, décor polychrome.

419 — **Chine ancien.** Plat, décor polychrome, famille rose.

420 — **Chine ancien.** Deux Vases dits pots-pourris, décor d'oiseaux dans des paysages, avec ceintures jaunes rehaussées d'or.

421 — **Japon.** Deux Plateaux en porcelaine du Japon, décor polychrome.

422 — **Sèvres ancien.** Garde-à-Vous et son pendant, biscuits en terre blanche, fabrique ancienne de Sèvres, signé Clodion. Les socles ornés de guirlandes de fleurs.

423 — **Chine.** Paire de grandes et belles Potiches octogones, famille rose, décor alterné, fleurs et personnages.

424 — **Japon ancien.** Paire de belles Bouteilles, décor bleu, dit vermicelle, l'une d'elles fêlée à la base.

425 — **Chine.** Grand Plat, décor polychrome, rehaussé d'or, chargé de poissons.

426 — **Chine.** Autre Plat, décor analogue, plus petit que le précédent.

427 — **Japon.** Fontaine à accrocher, avec sa Vasque, décor polychrome et doré.

428 — **Chine.** Deux Cornets et trois Potiches, décor polychrome, famille verte.

429 — **Japon.** Paire de Potiches, décor polychrome sur fond noir.

430 — **Berlin.** Plateau à épices, décor de fleurs.

431 — **Saxe moderne.** Séigneur et sa dame. Deux grandes statuettes, décor polychrome et doré.

432 — **Saxe moderne.** Colombine, groupe.

433 — **Saxe moderne.** Polichinelle et Colombine. Deux statuettes.

434 — **Sèvres ancien.** Vénus et l'Amour, groupe biscuit, avec socle.

435 — **A la Reine.** Écuelle et son Plateau.

436 — **Tournai ancian.** Vingt-six Assiettes festonnées, décor de bouquets en bleu.

437 — **Villeroy ancien.** Porte-Burettes fêlé et Burettes en cristal de Bohême.

438 — **Chine.** Deux Potiches, fond bleu, à réserves ornées de fleurs.

439 — **Tournai.** Paire de Vases, forme Louis XVI, décor de fleurs et sujets sur des caissons avec rehauts d'or, décor de commerce, pieds en bronze doré.

440 — **Sèvres ancien.** Renaud et Armide, groupe en biscuit, pâte tendre.
Pièce importante.

441 — **Berlin moderne.** Paire de grands et magnifiques Vases forme Louis XVI, ovoïde, décor de fleurs et sujets de cha se, d'après Wouvermans.

442 — **Chine ancien.** Douze Assiettes, décor bleu, paysage et riche marli.

443 — **Venise ancien.** Deux Assiettes, décor polychrome, marli imitant la vannerie.

444 — **Chine.** Douze Assiettes, famille rose.

445 — **Japon.** Dix Assiettes.

446 — **Chine ancien.** Huit Assiettes, famille rose.

447 — **Chine.** Quatre autres Assiettes, à grenades sur le marli.

448 — **Japon.** Sous ce numéro, environ cinquante Assiettes de différents décors (Seront vendues par lots).

449 — **Chine.** Même observation.

450 — **Chine ancien.** Deux Cuvettes, décor de fleurs.

451 — **Chine ancien.** Deux Cuvettes, avec personnages.

452 — **Clignancourt ancien.** Plateau, décor polychrome.

453 — **Japon ancien.** Deux Plats, décor bleu, un fêlé.

454 — **Japon ancien.** Un Plateau, décor bleu.

455 — **Tournai ancien.** Service, décor paysage, camaïeu rose, marque à la tour or.
Huit Tasses.
Dix Soucoupes.
Un Sucrier.
Un Bol.
Une Cafetière.

456 — **Saint-Amand.** Paire de Vases à têtes de bouc et sujets pastorales, d'après Lancret.

457 — **Saxe moderne.** Deux groupes. Jupiter enlevant Sémélé et Borée enlevant
Grands et beaux groupes.

458 — **Saxe moderne.** Deux Groupes pastorales.

459 — **Frankenthal.** Persée délivrant Andromède. La main droite de Persée est fracturée.

460 — **Sèvres ancien.** Le Cuvier, Le Billet doux, groupes en biscuit, pâte dure.

461 — **Saxe moderne.** Deux Jardinières-Verrières, décor de pastorales sur réserves à fond bleu, montures en bronze doré.

462 — **Saxe moderne.** Minerve, Déjanire. Deux grandes statuettes richement décorées.

463 — **Sèvres ancien.** Apollon charmant les animaux. Pendule en biscuit avec socle en marbre orné de bronzes ciselés et dorés. Signée Leroy, à Paris. L'index de la main droite est recollé.

FAIENCES DIVERSES

464 — Fontaine et sa Vasque, à surface imitant un travail de vannerie, décor polychrome, paysage et fleurs. Imitation des fabriques de Marseille.

465 — Deux Dauphins chimériques, grès de Chine, à émail flambé.

466 — Deux Lions assis, vieux Delft.

467 — Chat assis, ancienne fabrique de Saint-Amand; quelques fractures à la base.

468 — **Mulhouse ancien.** Cinq Pièces provenant d'un Surtout, décor bleu, dans le goût de Moustiers. Ancienne fabrication.

469 — **Lunéville moderne.** Deux Lions couchés.

470 — **Chine.** Deux grosses Chimères (chien de Fo) en grès, émail flambé.

471 — **Delft ancien.** Deux Vaches avec personnages, décor à froid.

472 — **Rouen moderne.** Fontaine à accrocher et sa Vasque. Cette pièce est montée sur un panneau en noyer, avec motifs sculptés du XVIIe siècle.

473 — **Bruxelles ancien.** Soupière forme chou, décor polychrome, ornée de raves et d'insectes.

474 — **Bruxelles ancien.** Autre Soupière, plus petite.

475 — **Rouen ancien.** Pichet; décor à l'oiseau. Orifice fracturé.

476 — **Delft ancien.** Très beau Plat, décor bleu.

477 — **Savone ancien.** Très beau Plat, décor polychrome. Paysage.

478 — **Lunéville ancien.** Lion couché.

479 — **Delft ancien.** Grande Potiche à surface côtelée, et caissons à réserves, décor bleu; le bouton du couvercle réparé. Monog de Kayser.

480 — **Moustiers ancien.** Fontaine de forme ronde, à décor bleu de Berain, et masque en relief.

481 — **Rouen ancien.** Deux Cornets octogones. Décor bleu.

482 — **Rouen ancien.** Deux Coupes à Fruits, décor bleu dit à lambrequin.

483 — **Rouen moderne.** Petite Lanterne à main.

484 — **Marseille ancien.** Grande et magnifique Pièce de Surtout, pour les épices, formant divers étages supportés par quatre Dauphins.

485 — **Delft ancien.** Plat à décor bleu.

486 — **Saxe, époque de Bœttger.** Cafetière émaillée noire, garnie en argent.

487 — **Grès moderne.** Grande Cruche à bière, ornée de personnages.

488 — **Verrerie de Bohême ancienne :**

Seize Verres-Gobelets.

Dix-sept Verres-Gobelets, plus petits, dorés.

489 — **Douai ancien.** Femme appuyée sur une Urne, époque Louis XVI.

490 — **Rouen ancien.** Porte-Burettes ancien et deux Burettes modernes.

491 — **Rouen ancien.** Pied de Croix, décor polychrome. Fêlé.

492 — **Moustiers ancien.** Plat à extrémités arrondies, décor bleu.

493 — **Rouen ancien.** Grande Fontaine à accrocher, avec son bassin et son couvercle, décor polychrome. Réparée aux Dauphins.

494 — **Rouen ancien.** Console à accrocher, époque Louis XV, décor marbré.

495 — **Rouen ancien.** Bannette ovale, décor au carquois.

496 — **Rouen moderne.** Décor à la corne, tronqué.

497 — **Marseille moderne.** Bijoutière, forme bureau Louis XV, avec cinq tiroirs, décor de personnages et Paysage polychrome.

498 — **Rouen moderne.** Plat rond, décor lambrequin, et corbeille de fleurs.

499 — **Rouen moderne.** Plat ovale, décor bleu

500 — **Rouen ancien.** Fontaine et sa Vasque, décor polychrome.

501 — **Grès anciens.** Cinq Cruches de diverses formes, seront vendues séparément.

502 — **Marseille ancien.** Porte-Burettes, décor polychrome, et Burettes en verre de Bohême.

IVOIRES

503 — Tableau votif d'autel formant façade de monument, avec sept bas-reliefs représentant l'histoire du Christ jusqu'au Calvaire et surmonté d'une statuette de Vierge. Travail époque Louis XIII.

504 — Buveur. — Le Galant pressé. — Deux demi-reliefs. Travail français du xviie siècle.

505 — Deux Cadres ovales, époque Lous XV.

506 — Vénus assise. Petit bas-relief. Travail du xviie siècle.

507 — Quatre petits Bas-Reliefs à jour, monuments, paysages et ruines. Art flamand du xviie siècle.

508 — Sainte Anne et la Vierge. Groupe en ivoire, de l'époque Louis XIII.

509 — Poire à poudre, gravée, ornée d'une fleur de lys. Travail de l'époque Henri IV, daté de 1606.

510 — Pan et Syrinx, danse d'enfants. Très joli groupe du xviiie siècle.

511 — L'Enfance de Bacchus. Très joli groupe, pendant du précédent, du xviiie siècle.

512 — **Duquesnoy**, dit François Flamand. Groupe d'enfants.

513 — Buste d'homme, costume Louis XIII.

514 — Louis XVI, Marie-Antoinette. Deux médaillons ronds. Travail moderne.

515 — La Charité. Petit groupe signé V. C. C. G. Travail de l'époque de 1830.

516 — Christ. Travail espagnol du XVIIe siècle.

517 — La Mise au tombeau, bas-relief. Travail moderne.

518 — Joueuse d'osselets. Le costume de cette figure ainsi que le socle sont en bronze.

519 — L'Abondance. Fort belle statuette. Travail du XVIIe siècle. Collections Courtin de Valenciennes et Bonnel.

520 — Vierge immaculée conception avec couronne en argent.. Travail du XVIIIe siècle.

521 — Poignée de canne avec sujets de chasse au cerf. Très beau travail du XIXe siècle.

BOIS SCULPTÉS

522 — **Buis.** Sainte Marie agenouillée. Très belle statuette du XVIIe siècle.

523 — **Chêne.** Cinq Panneaux de la Renaissance provenant de meubles.

524 — **Buis.** Saint Sébastien. Statuette du XVIIe siècle.

525 — **Buis.** Jésus à la colonne. Très jolie figure du XVIIe siècle, main droite réparée.

526 — Sous ce numéro, divers Objets omis.

527 — **Buis.** La Vierge apparaissant à saint François Xavier et entourée de nombreux anges. Très beau groupe. Travail français du XVIIIe siècle.

528 — **Chêne.** Joueuse de mandoline (École moderne).

MINIATURES ET ÉMAUX

529 — Sainte Famille, d'après Raphaël. Émail.

530 — La Vierge de la Maison d'Orléans. Émail d'après Raphaël.

531 — Tête de jeune garçon. Émail du XVIIIe siècle.

532 — Marie-Antoinette. Miniature sur ivoire. Travail moderne.

533 — Marie-Antoinette. Même observation.

534 — Portrait de femme. Même observation.

535 — Portrait d'homme. Petite peinture sur cuivre, époque Louis XVIII.

536 à 600 — Sous ces numéros seront vendus quantité de Bagues en or et argent, Objets en filigrane d'argent, Émaux, Bonbonnières diverses et Objets de vitrine.

601 — Grand Retable du XVe siècle.

Ce bel Objet est divisé en trois niches : celle du milieu renferme la Vierge Marie tenant l'Enfant Divin; à sa gauche et à sa droite, dans des niches, sont saint Jean et saint Anastase.

Les figures des personnages sont remarquables de distinction et d'exécution, et tout le monument a conservé ses dorures et peintures.

Très bel état de conservation et œuvre remarquable de l'art des bords du Rhin du XVe siècle.

Ve Renou Maulde et Cock, impr de la Compagnie des Commissaires-Priseurs, rue de Rivoli, 144. 600—50618

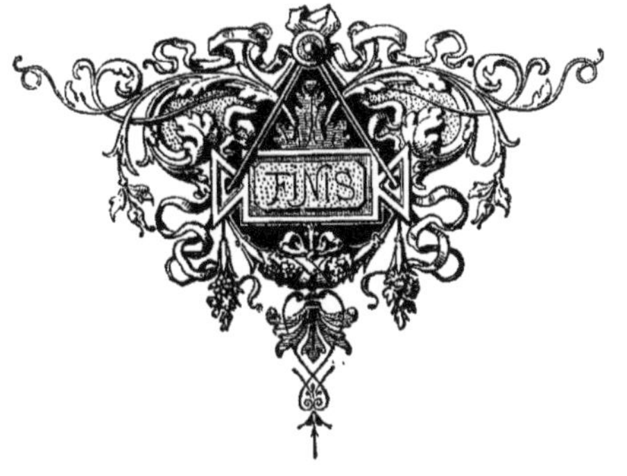
FINIS

VILLE DE CAMBRAI (Nord)

VENTE

DE LA

Collection de **M. GUILMAIN BRACQ**

Comprenant de Beaux

TABLEAUX ANCIENS

Et Modernes

MEUBLES D'ART, D'AMEUBLEMENT & GLACES

Des Époques Louis XIII, Louis XIV, Louis XV et Louis XVI

BRONZES D'ART

TELS QUE :

Candélabres, Bras, Appliques, Statues, Pendules de diverses époques, Flambeaux, Lustres, Cartels, etc., etc.

Faïences anciennes

PORCELAINES DE LA CHINE, DU JAPON, DE SAXE

Et autres Fabriques Européennes

IVOIRES ET BOIS SCULPTÉS ANCIENS

REMARQUABLE CHRIST

Avec Monture en argent ciselé, aux armes du **Roi Stanislas Lecksinski**

MINIATURES, OBJETS DE VITRINE, BIJOUX

TRÈS BEAU RETABLE DU XVe SIÈCLE

A CAMBRAI (NORD)

RUE PORTE-ROBERT

Du Lundi 13 au Samedi 18 Octobre 1884 inclus

A UNE HEURE ET DEMIE PRÉCISE

Commissaires-Priseurs	**Expert**
Mes LANGLET & RONSIN	M. E. GANDOUIN
à Cambrai	42, rue Le Peletier, à Paris, et, Hôtel de France, à Cambrai

CHEZ LESQUELS SE DISTRIBUE LE CATALOGUE

EXPOSITIONS du Vendredi 10 au Dimanche 12 Octobre 1884, de midi à 5 heures

ORDRE DES VACATIONS

Les Lundi 13 et Mardi 14 Octobre. Les Tableaux.
Le Mercredi 15 Octobre......... Porcelaines et Faïences.
Le Jeudi 16 Octobre............ Bronzes, Ivoires, etc.
Le Vendredi 17 Octobre.......... Meubles d'art et autres.
Le Samedi 18 Octobre. S'il y a lieu, les Objets non soumis aux enchères.

AU COMPTANT

Les acquéreurs paieront 10 pour 100 en sus des enchères.

80618 Paris. — Ve RENOU, MAULDE et COCK imprimeurs de la Compagnie des Commissaires-Priseurs, rue de Rivoli, n. 144

www.ingramcontent.com/pod-product-compliance
Ingram Content Group UK Ltd.
Pitfield, Milton Keynes, MK11 3LW, UK
UKHW020355180726
13839UKWH00003B/1123

9 782329 52562

AVANT-PROPOS

Ce travail a été inspiré par M. le professeur Verneuil. Toutefois, le sujet nous paraît si vaste, nos recherches, quoique longues, nous semblent si insuffisantes, notre autorité si minime, que nous sommes résigné à ne fournir qu'une ébauche.

Nous avons principalement en vue la question de thérapeutique chirurgicale. Aussi les causes, la marche des lésions articulaires ne nous occuperont-elles qu'autant que nous pourrons y puiser des indications ou des contre-indications à l'opération anaplastique.

Seront traitées dans une 1re partie, les *résections anaplastiques* en général. La 2e partie sera consacrée à l'anaplastie appliquée à chacune des principales jointures; viennent à la suite un certain nombre d'observations à titre de pièces justificatives.

Que M. Verneuil veuille bien accepter la dédicace de ce travail; s'il y trouve quelques bonnes idées, elles sont de lui.

Nous remercions notre ami, M. Dauphin, de l'obligeance avec laquelle il a mis son crayon à notre disposition.